C'EST ICI QUE TOUT COMMENCE

Il faut lire les cases dans l'ordre des chiffres indiqués et, à l'intérieur de chaque case, suivre l'ordre alphabétique. Bonne lecture.

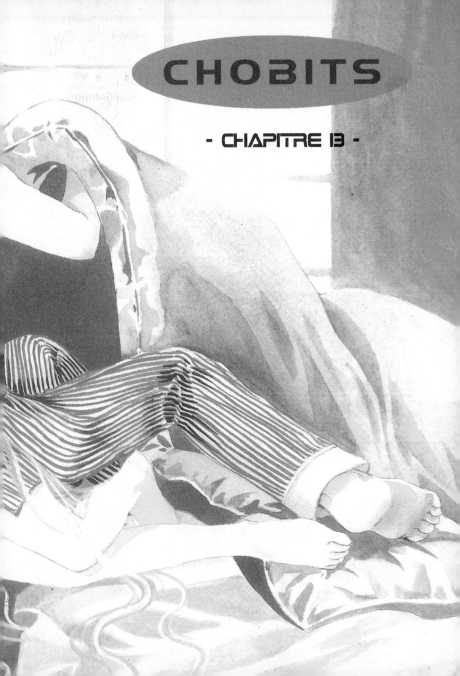

NYA NYA

HOULÀLÀ

J'AVAIS OUBLIÉ ! HIER, PROF SHIMIZU EST VENUE CHEZ MOI SANS PRÉVENIR...

IL EST QUELLE HEURE ?

DU CALME, JE N'AI PAS PROFITÉ DE LA SITUATION !

PROFITER DE QUOI ? DE MOI ?

POF

ET ENSUITE, ET ENSUITE... QU'EST-CE QUI S'EST PASSÉ ?!

SAAA

ELLE M'A DIT QU'ELLE VOULAIT PASSER LA NUIT CHEZ MOI !

ET ON A BU JUSQU'À L'AUBE !

OUAH

11

NON...

ALORS, POURQUOI ÊTES-VOUS VENUE CHEZ MOI ?

FLIP

J'AI APPORTÉ LA MIENNE !

EN FAIT, JE N'AVAIS PAS L'INTENTION DE REPASSER CHEZ MOI.

C'ÉTAIT PRÉMÉDITÉ ?

IL N'Y A PAS DE BROSSE À DENTS...

À PART LA MIENNE...

HEIN?

PEUT-ÊTRE PARCE QUE...

JE MANQUE DE COURAGE...

PROF SHIMIZU...

13

RON
RON

COURS PRIVÉ SEKI

GLANG

HUF
HUF

OUF,
JE SUIS
EN AVANCE
!

REMARQUE,
C'EST LOGIQUE,
LE PREMIER
COURS, C'EST
CELUI DE PROF
SHIMIZU...

BEUU... ...HH

SALUT
!

ÇA VA
SHIMBO
?

HUM...

JE N'AI
PAS FERMÉ
L'ŒIL DE
LA NUIT
!

C'EST
QUOI CETTE
TÊTE DE
DÉTERRÉ
?

SCH
hh

VOILÀ,
VOILÀ
!

PLAF

CHAPITRE 13 - FIN

- CHAPITRE 14 -

30

33

34

ELLE TROUVE ÇA INJUSTE QUE LES ORDI SOIENT SI JOLIES...

ET PUIS, ELLE M'A DEMANDÉ SI J'AIMAIS MON ORDI PLUS QUE TOUT...

ET ELLE A ÉTÉ RASSURÉE QUAND JE LUI AI DIT QUE NON.

JE PEUX TE PIQUER UN NUGGET... ?

MAIS...

JE ME DEMANDE POURQUOI ELLE A EU CETTE EXPRESSION SI TRISTE...

EST-CE QUE J'AURAIS VU JUSTE ?

SLUUUURP

JE TE PIQUE UNE FRITE !

ÇA VEUT DIRE QUE... QUE...

JE L'ESPÈRE POUR TOI...

TU DOIS TROUVER QUELQU'UN QUI N'AIMERA QUE TOI...

SI TU Y ARRIVES, TON DEUXIÈME TOI N'AURA PLUS DE RAISON D'ÊTRE...

CHAPITRE 14 -FIN

CHOBITS

- CHAPITRE 15 -

46

ALORS
...

ÇA VEUT DIRE...

GLOUPS

BOUMBOUM

EXCUSE-MOI, TU DOIS SÛREMENT AVOIR BEAUCOUP DE RÉVISIONS !

PAS DU TOUT

C'EST D'ACCORD ! JE SUIS SUPER LIBRE !

BINGO !

48

EN PLUS, J'AI DÉGOTTÉ UN ORDI FANTASTIQUE !

HA HA HA HA HA

MOTOSUWA, TU MENTENDS ?

EH

YOHOO

MA LOGEUSE EST ADORABLE, MA PROF EST BELLE COMME UN CŒUR, MA COLLÈGUE DE BOULOT EST MIGNONNE À CROQUER...

VRAIMENT, JE SUIS UN GROS VEINARD !

IL EST DEVENU DINGUE DE SON ORDI ET NE PARLAIT PLUS À PERSONNE...

JE ME SOUVIENS D'UN MEC À LA PRÉPA...

CHOBITS

- CHAPITRE 16 -

CHAPITRE 15 - FIN

IL N'Y A PERSONNE DANS CETTE VILLE NON PLUS...

FINALEMENT...

POUR EUX, CE SONT DES INSTANTS HEUREUX...

MÊME SI CES MOMENTS DE BONHEUR NE SONT QU'ILLUSION...

ILS SONT DANS UN RÊVE DONT ILS NE VEULENT PAS SORTIR...

CHACUN VIT AVEC SA "CHOSE"...

CAR CETTE "CHOSE" EXAUCE LEURS VŒUX.

AUJOURD'HUI ENCORE, JE VAIS CHERCHER QUELQU'UN RIEN QUE POUR MOI...

QUELQU'UN QUI M'AIMERAIT...

MAIS...

QUELQU'UN QUI M'AIMERAIT SANS QUE J'EXAUCE SES VŒUX...

MON "AUTRE MOI" ME DIT...

CE GENRE DE PERSONNES ?

EST-CE QUE ÇA EXISTE...

63

MOTO-SUWA !

HA !

PAF

TU ES EN AVANCE, SENPAÏ ! JE PENSAIS ARRIVER AVANT TOI...

J'AI CINQ MINUTES D'AVANCE !

PFFF...

AH, C'EST TOI, YUMI ?

EN FAIT, J'AI OFFERT LE PREMIER VOLUME À TCHII...

MON SENPAÏ LIT DES LIVRES ILLUSTRÉS ?

ÇA ALORS !

QUELQU'UN RIEN QUE... LA VILLE DÉS...

YUMI

C'EST QUOI, CE LIVRE D'IMAGES ? C'EST INTÉRESSANT ?

TCHII ?

MOTO-SUWA

EUH... COMMENT DIRE... C'EST UN BOUQUIN ASSEZ SPÉCIAL, ON DIRAIT...

C'EST MON ORDI !

AH, TU L'AS APPELÉ TCHII...

TON ORDI ?

OUAIS !

YUMI N'AIME PAS ABORDER CE SUJET...

BON, ALLEZ ! ON Y VA ?

ELLE A DÛ AVOIR UNE MAUVAISE EXPÉRIENCE AVEC UN ORDI ?

EUH... OUI !

JE L'ENTENDS À NOUVEAU...

QUI ES-TU ?

QUELQU'UN M'APPELLE !

CHAPITRE 16 - FIN

CHOBITS

- CHAPITRE 17 -

73

74

POUR EN REVENIR À YUZUKI...

JE L'AI FABRIQUÉE EN UTILISANT POUR MODÈLE MA GRANDE SŒUR DÉCÉDÉE À LA SUITE D'UNE MALADIE, IL Y A DEUX ANS...

PHYSI-QUEMENT, ELLE EST IDENTIQUE !

ET J'AI AUSSI RENTRÉ EN MÉMOIRE TOUTES LES DONNÉES QUE J'AVAIS SUR MA SŒUR...

SES HABITUDES, CE QU'ELLE AIMAIT, CE QU'ELLE DÉTESTAIT... J'AI RENTRÉ AUTANT DE DONNÉES QUE MES SOUVENIRS LE PERMETTAIENT !

MAIS...

C'EST UNIQUEMENT GRÂCE AU PROGRAMME QUE J'AI CONÇU, QU'ELLE RÉAGIT COMME MA SŒUR...

ET J'AI RÉUSSI...

ELLE LUI RESSEMBLE PARFAITEMENT !

COMME C'EST MOI QUI L'AI FAITE, JE SUIS LE MIEUX PLACÉ POUR LE SAVOIR...

MAIS POURTANT...

OUI...

JE LE SAIS...

AUSSI TRISTE QUE JE SUIS HEUREUX !

MAIS IL ARRIVE QUE ÇA ME RENDE ENCORE PLUS TRISTE !

JE ME SENS BIEN AVEC ELLE...

YUZUKI N'EST PAS MA SŒUR, C'EST UN ORDI !

ET...

PEUT-ÊTRE VAUT-IL MIEUX ÉVITER D'ÊTRE CONFRONTÉ À CES SENTIMENTS...

ÇA T'EMBÊTE CE QUE JE TE RACONTE ?

PARFOIS, J'AI TELLEMENT ENVIE D'OUBLIER ÇA...

DÉ... DÉSOLÉ

J'AVOUE QUE JE NE SAIS PAS QUOI TE DIRE...

NON...

PAS DU TOUT...

80

 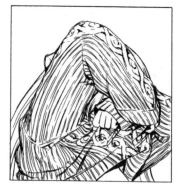

CHOBITS

- CHAPITRE 18 -

TU AS PERDU TA MÉMOIRE, NON ?

TCHII NE COM- PREND PAS !

LA LOGEUSE ?

C'EST CE QUE LA LOGEUSE A DIT À TCHII...

JE ME DOUTAIS BIEN QU'ELLE VEILLERAIT SUR TOI...

CHITOSÉ ?

MADE- MOISELLE CHITOSÉ HIBIYA... C'EST LA PROPRIÉTAIRE DE L'APPAR- TEMENT DE HIDEKI...

MERCI.

HIDEKI !

JE SUIS CONTENT QUE ÇA TE PLAISE !

AH...

EUH... MAIS...

ÇA... ÇA ALORS !

SON SOURIRE M'A FAIT DE L'EFFET...

TCHII PEUT DONC AVOIR CE GENRE D'EXPRESSIONS...

OÙ SE MÊLENT LA JOIE ET LA TRISTESSE...

ELLE EST EN TOUT POINT SEMBLABLE À UNE HUMAINE. ET POURTANT, C'EST UNE MACHINE...

C'EST UN ORDI...

MÊME SI ON JURERAIT QU'ELLE HUMAINE !

QUE FERAS-TU SI CETTE PERSONNE NE T'AIME PAS EN RETOUR ?

OUI, MAIS...

QUE FERAS-TU ?

S'IL AIME QUELQU'UN D'AUTRE...

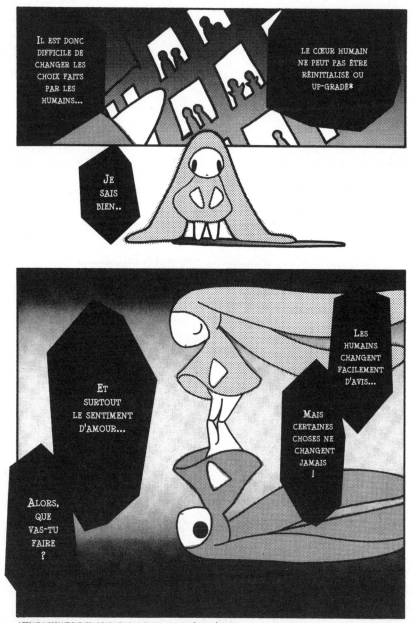

* TERME INFORMATIQUE ISSU DE L'ANGLAIS UP-GRADE : CONSISTE À FAIRE ÉVOLUER
LES COMPOSANTS D'UN ORDINATEUR POUR LE RENDRE PLUS PERFORMANT.

DANS CE CAS,
JE DOIS PRENDRE
UNE DÉCISION...

NOUS DEVRONS
NOUS EN TENIR
A CETTE
DÉCISION..

ENSUITE,

ENSEMBLE,
AVEC MON
AUTRE MOI
!

CHAPITRE 18 - FIN

CHOBITS

- CHAPITRE 19 -

QU'EST-CE QU'IL Y A ? POURQUOI TU PORTES TES VÊTEMENTS DE TRAVAIL ?

TAP TAP

WAAH !

PLAF

IL S'EST PASSÉ QUELQUE CHOSE AU RESTO ?

ON T'A FAIT DU MAL ? UN CLIENT T'A TRIPOTÉE ?

JE SUIS DÉSOLÉE DE TE DÉRANGER PENDANT TES RÉVISIONS...

MAIS JE VOULAIS ABSOLUMENT TE REVOIR...

IZAKAYA YOROKONDÉ

104

SI TU TRAVAILLES, ÇA FAIT QUOI ?

OUI, DU TRAVAIL !

ÇA ME PERMET GAGNER DE L'ARGENT !

BON, FAUT DÉJÀ QUE J'ACHÈTE UN LIVRE POUR LES COURS...

ET PUIS JE POURRAI TOUJOURS DEMANDER À MON PATRON DE ME PRÊTER UN DVD DE CUL...

OUAIS !

TCHII VA PRENDRE UN PETIT BOULOT...

HEIN ?

CHAPITRE 19 - FIN

CHOBITS

- CHAPITRE 20 -

113

TU N'AURAIS PAS L'INTENTION DE QUITTER CE JOB...

PAR HASARD ?

DIS-MOI...

MAIS NON, PAS DU TOUT ! SI J'ARRÊTE, JE N'AURAI PLUS UN SOU !

OUF, TANT MIEUX !

ELLE A VRAIMENT LE SOURIRE QUI TUE !

AAAH !

ÇA VEUT DIRE QUE...

ON DIRAIT QU'ELLE AVAIT PEUR QUE JE DÉMISSIONNE...

ÇA VEUT DIRE QUE...

HUM...

MEF

AH... C'EST À PROPOS DE TCHII...

ALORS QU'EST-CE QUI NE VA PAS ?

TCHII ? C'EST TON ORDI, NON ?

117

118

QUAND HIDEKI EST CONTENT, LE VISAGE DE TCHII SOURIT !

TU FAIS ÇA POUR LUI FAIRE PLAISIR !

PENSES-TU QUE MONSIEUR MOTOSUWA SOIT LA PERSONNE QUI N'AIMERA RIEN QUE TOI ?

SOH

TCHII NE SAIT PAS...

POF

MADE-
MOISELLE
!

QU'EST-CE
QUE TU
FAIS ?
IL EST
OÙ TON
MAÎTRE
?

MAIS
ELLE
EST À
CROQUER
!

UN
ORDI
?

BROU
HA

BROU
HA

UN
TRAVAIL
?

JE SUIS
TCHII, ET JE
CHERCHE UN
TRAVAIL
!

MAIS
MOI J'EN
AI UN
PARFAIT
POUR TOI
!

CHAPITRE 20 - FIN

- CHAPITRE 21 -

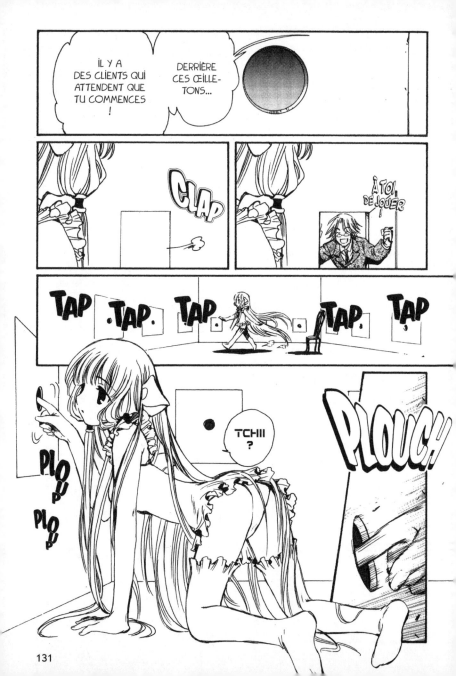

131

AUJOURD'HUI, J'ÉTAIS EN CUISINE, ALORS J'AI PU RENTRER UN PEU PLUS TÔT !

ET LE PATRON M'A LAISSÉ PRENDRE DES RESTES... CE SONT DES YAKITORI* QUE J'AI FAITS MOI-MÊME...

ME VOILÀ !

CLAC

ELLE N'EST PAS LÀ...

ELLE N'EST PAS ENCORE COLLÉE AU PLAFOND QUAND MÊME ?

* BROCHETTE DE POULET

132

*SALADE ÉPICÉE JAPONAISE

OÙ EST-CE QU'ELLE A PU ALLER ?

ELLE NE CONNAÎT RIEN DE LA VILLE... SI JAMAIS IL LUI ARRIVE QUELQUE CHOSE...

FLASH-BACK...

TU CROIS QUE TCHII PEUT FAIRE CA ?

C'EST PAS VRAI ! À TOUS LES COUPS, ELLE S'EST MISE DANS UN SALE PÉTRIN !

ON SE CALME, ON SE CALME

POUR SÛR, TU EN ES CAPABLE... MAIS IL N'EN N'EST PAS

QUESTION !

TCHII ?

PIOUUUU

137

- CHAPITRE 22 -

TEST VOCAL...

MAÎTRE MINORU...

FONCTIONS VOCALES OPÉRATION-NELLES !

BIP

IL NE RESTE PLUS QU'À VÉRIFIER LE PROCESSEUR !

145

146

147

148

150

LA PROCHAINE FOIS QU'ON TE TOUCHERA LÀ...

CE SERA LE MOMENT DE PRENDRE UNE DÉCISION !

CHAPITRE 22 - FIN

CHOBITS

- CHAPITRE 23 -

IL SE
PLANQUE
PAR RÉFLEXE
↓

SUSUSUSU

NON,
ÇA A L'AIR
PLUS SÉRIEUX
QUE ÇA...

MAIS
POURQUOI
PROF
SHIMIZU
EST-ELLE
AVEC
SHIMBO
?

IL
VEUT LUI
POSER DES
QUESTIONS
SUR LE
COURS ?
OU ALORS,
ILS VONT
JUSTE
PRENDRE
UN VERRE
?

156

159

160

162

CHOBITS

- CHAPITRE 24 -

LES FEMMES AIMENT BIEN QU'ON LEUR COURRE APRÈS !

TU NE SAVAIS PAS ?

HEIN ?

DAM DAM

HA HA

EST-CE QUE TCHÏI EST ENCORE DANS CE CABARET ?

ENFIN ! C'EST TOÏ MINORU ?

OUI. MINORU À L'AP-PAREIL...

173

177

CHAPITRE 24 - FIN

CHOBITS

- À SUIVRE -

Titre original :
CHOBITS, VOL. 2
© 2001 CLAMP
All Rights Reserved
First published in Japan in 2001
by Kodansha Ltd., Tokyo
French publication rights
arranged through Kodansha Ltd.
French translation rights : Pika Édition

Traduction et adaptation :
Suzuka Asaoka et Alex Pilot
Lettrage : Sébastien Douaud

© 2003 Pika Édition
ISBN : 2-84599-210-6
Dépôt légal : janvier 2003
Imprimé en Belgique par Walleyn graphics
Diffusion : Hachette Livre

◀ CLAMP ▶

SATSUKI IGARASHI
NANASE OHKAWA
MICK NEKOI
MOKONA APAPA